AF363676

MARCEL

DRAME EN UN ACTE EN VERS

Représenté pour la première fois, à Paris, sur le théâtre CLUNY,
le 6 février 1881.

TRESSE, éditeur, Palais-Royal.

DU MÊME AUTEUR

Imprimerie générale de Châtillon sur-Seine. — A. Pichat.

MARCEL

DRAME

EN UN ACTE EN VERS

PAR

BERTOL-GRAIVIL

PARIS

TRESSE, ÉDITEUR

8, 9, 10, 11, GALERIE DU THÉATRE-FRANÇAIS

PALAIS-ROYAL

1883

Tous droits réservés

A MON DIRECTEUR

A. BOUVRET

Témoignage de reconnaissance.

B.-G.

PERSONNAGES

MARCEL........................ M. Georges Colin.
JEANNE........................ Mlle Félicie Devoux.

MARCEL [1]

Le théâtre représente une chambre d'hôtel modestement meublée. —
Une fenêtre donnant sur la mer. — Une porte au fond. — Un
meuble à tiroirs à gauche. — Une table à droite, chaises, etc.

SCÈNE PREMIÈRE

MARCEL, JEANNE.

Jeanne se dispose à partir, Marcel l'accompagne à la porte.

MARCEL.

Alors vous me quittez ?

JEANNE.

Un instant seulement,
J'ai voulu vous porter des fleurs; dans un moment
Je reviendrai, Marcel.

MARCEL.

Jeanne, je vous ennuie,
Je vous veux tout le jour; mais vous êtes ma vie,
Mon bonheur, mon espoir, et mon rêve, et mon ciel.

1. Cet acte a été écrit en 1876.

JEANNE, froidement.

Non : je vous suis utile, et c'est l'essentiel.

MARCEL, triste.

Ah! j'oubliais, pardon, je dois couvrir d'un voile
Cet amour, ce ciel pur dont vous êtes l'étoile,
Votre mère a brisé ma joie et mon espoir,
Mon cœur doit renoncer à vous, Jeanne...

JEANNE.

Au revoir.

Jeanne sort.

SCÈNE II

MARCEL, seul.

MARCEL, à la porte, la regardant descendre.

Adieu, descends en paix, Jeanne — fleur de mon âme —
Descends, et que mes yeux, de leur mourante flamme,
Ne fassent pas pâlir tes brillantes couleurs.
Évite mes sanglots, mes pensers et mes pleurs.

Il laisse tomber la porte et revient sur le devant de la scène.

Depuis trois mois je souffre et rien sur cette terre
Ne pourra me guérir. De mes jours de misère
Cette charmante enfant était le seul rayon.
Sa mère, découvrant mon terrible horizon,
N'a pas voulu livrer sa fille, sa colombe,
Au pauvre condamné dont on creuse la tombe.
A ces yeux qui, soudain, privés du clair soleil
Se ferment sous le poids de l'éternel sommeil;
Et m'a dit : Je permets que ma fille vous soigne,
Mais la tendre amitié que son cœur vous témoigne

N'est, ne l'oubliez pas, que de la charité.
Votre âme, je le sais, est pleine de bonté,
Mais Jeanne ne peut pas devenir votre femme.
Et je lui répondis : Ne craignez rien, madame,
J'empêcherai mon cœur de parler, de s'ouvrir.

Se laissant tomber sur une chaise.

Pourquoi m'ôter l'espoir, puisque je dois mourir !

Silence un moment.

Tous les matins j'entends sa voix et je frissonne ;
Elle chante, j'écoute, et son chant m'empoisonne.
« Vous viendrez avec nous voir le ciel d'Orient,
Car vous êtes sauvé, me dit-elle en riant. »

Il se lève.

Où veux-tu que ma lèvre aille chercher la vie,
Puisque la coupe fuit ma lèvre inassouvie ;
Et quand je laisse errer mon rêve dans les cieux,
Plein de toi, je ne vois que le noir de tes yeux.
Ah ! Jeanne, si le mal affreux qui me torture
N'était pas augmenté par l'amour que j'endure —
Amour dont l'horizon est borné de tombeaux —
Je pourrais espérer en d'autres jours plus beaux...

Il s'approche de la fenêtre et contemple l'horizon.

Comme le ciel est bleu, comme la brise est pure,
Comme ce bruit du monde est un charmant murmure,
Et comme cette mer, terrible en ses écueils,
Est belle, — mais combien a-t-elle fait de deuils !
Comme le ciel est bleu... quel effroyable doute
Pénètre en notre esprit, quand nous cherchons la route
Du firmament immense où règne l'Inconnu.

On entend une voix dans le lointain.

Je marchais dans l'azur, m'en voici revenu.

La voix dans le lointa

BARCAROLLE *.

I

J'ai longtemps, ma belle,
Baisé tes cheveux,
Vu l'aube nouvelle,
Au ciel de tes yeux.
A tes lèvres closes,
Je t'ai souvent pris
Des baisers, des roses,
Quand j'étais épris.

II

Que Dieu te pardonne !
Sans savoir comment,
Un beau soir d'automne,
Tu changeas d'amant ;
D'un amour céleste,
Alors je t'aimais,
Puisque, seul, je reste,
Ne reviens jamais.

La voix s'éloigne.

III

Mais je me console,
Vents capricieux,
Poussez ma gondole
Sur les flots joyeux,

---

* La musique de cette barcarolle est de M. Charles de Sivry ; elle est publiée par l'éditeur V. Durdilly, 11 bis, boulevard Haussmann.

Narguant l'infidèle,
Et mon fol amour,
Vogue, ma nacelle,
Vogue nuit et jour.

La voix se perd dans le lointain. — Jeanne est entrée pendant ce
dernier couplet.

SCÈNE III

JEANNE, MARCEL.

JEANNE, s'est approchée de Marcel.

A quoi peut bien songer mon rêveur, mon poète?

MARCEL, se retourne, surpris.

Jeanne, c'est vous!

JEANNE, lui prenant la tête dans ses mains.

Ami, ne tournez pas la tête,
Regardez ce pêcheur prendre la pleine mer.
Quel était votre rêve?

MARCEL.

Un rêve bien amer :
Le chant tuait l'amour dans un éclat de rire,
Mais la réalité venait tout bas me dire :
N'écoute que le cri lugubre des corbeaux,
Viens, la tombe est le seul remède à tous les maux.

JEANNE.

Chassez de votre esprit cet horrible blasphème,
Et dites-moi plutôt : Ma Jeanne, je vous aime!

MARCEL, profondément triste.

Ah! ne vous riez pas de mon terrible mal,
J'attends l'automne, hélas! pour moi terme fatal!

JEANNE.

Taisez-vous donc, méchant, chassez votre tristesse,
Je vous rends la santé, vous donnant ma jeunesse;
Oui, je suis bien à vous, Marcel, à votre amour.

Elle se jette dans ses bras.

MARCEL, d'une voix forte.

Ah! je ne comprends pas, mais je bénis ce jour!
Jeanne, Jeanne...

Ils se tiennent un instant embrassés. — Jeanne est très émue.

JEANNE, lentement, avec peu de force.

Marcel, il faut que je te dise
Comment ce changement, brusque comme une crise,
S'est produit en mon sein toujours rempli de toi.

MARCEL, s'asseyant près de Jeanne.

Pour me parler, ma Jeanne, oh! viens plus près de moi,
Que je sente ton souffle et ta divine haleine!
Il faut que je te voie, il faut que je t'enchaîne...

Il attire Jeanne dans ses bras et regarde longuement ses yeux.

Jeanne, parle à présent, parle, j'ai vu tes yeux.

JEANNE.

Ma mère ne voulait pas nous unir tous deux,
Parce que... mais tu n'en voudras pas à ma mère.

MARCEL.

Non, Jeanne, elle croyait que j'étais poitrinaire.

JEANNE.

Tu le savais?

MARCEL.

Hélas!

JEANNE.

Ton cœur a dû souffrir?

MARCEL.

Il a souffert, surtout, de ne pouvoir s'ouvrir.
Oh! comme il fut gonflé de sanglots et de larmes,
Ce cœur, dont ta beauté vient chasser les alarmes!

JEANNE.

Ma mère a, ce matin, avec notre docteur,
Parlé de toi, de moi, de nos peines de cœur.
A la fin, le docteur a dit : Je vous le jure,
Marcel a, je le sais, une forte nature,
Vous pouvez, pour son bien, lui donner votre enfant,
De son mal, dans huit jours, il sera triomphant —
Dans quinze, nous pourrons faire le mariage,
A répondu ma mère, et, le rouge au visage,
Je suis venue à toi...

MARCEL.

Mais il est donc encor
Pour moi des jours heureux, ma Jeanne, mon trésor.

JEANNE.

Oui, nous pourrons demain descendre sur la grève
Tous les deux, vers le soir.

MARCEL.

Ah! ce n'est point un rêve,
Je vais pouvoir fouler la côte de mes pas,
Et mon amour en moi ne se contiendra pas.
Et tu me parleras, et je tiendrai ta taille
Ainsi, dans mes deux mains, et mon cœur qui tressaille
Laissera déborder son poème d'amour.
Comme c'est bon d'aimer, comme c'est beau le jour.

Ils regardent tous deux l'horizon.

JEANNE.

Le docteur doit venir pour te voir tout à l'heure.

MARCEL.

Qu'il vienne, cet ami de ma vieille demeure,
Cet homme qui me fait un riant avenir.
Son nom ne saurait plus quitter mon souvenir.

JEANNE.

Puisque dans quelques jours nous serons l'un à l'autre,
Il faut que vous sachiez ma vie et moi la vôtre :
D'abord n'en voulez plus à ma mère, Marcel.

MARCEL.

Enfant, en te jurant un amour éternel,
N'ai-je pas épousé tes amitiés, tes haines,
Tes plaisirs, tes tourments, et ta joie, et tes peines.

JEANNE.

Mon pauvre père est mort lorsque j'avais dix ans.
Depuis ma mère, seule, a compté mes printemps;
Vous savez tout, Marcel.

MARCEL.

Ma vie est plus amère,
Je n'ai jamais connu mon père!

JEANNE, lui serrant la main.
Ami!

MARCEL.

Ma mère...
Ma mère est morte, hélas! — Sans parents, et sans rien,
J'ai grandi sur la terre, au hasard, comme un chien;
Souffrant, je vins un jour ici par ordonnance,
Et vous m'avez sauvé. Voilà mon existence.

JEANNE.

O mon unique ami, mon Marcel, mon époux.

MARCEL.

Jeanne, c'est le bonheur que je rencontre en vous.

JEANNE, montrant les papiers de Marcel jetés pêle-mêle sur
les deux tables.

Le docteur va venir, rangeons toutes ces choses...

MARCEL, regardant Jeanne ranger.

Mon logis est rempli de soleil et de roses !

JEANNE, rangeant toujours.

Il faut qu'on trouve tout bien en ordre... chez nous.

MARCEL.

Quand vous êtes ici, Jeanne, on ne voit que vous.

Jeanne est à gauche, elle tourne le dos à Marcel qui classe des
papiers, à droite. — Jeanne ouvre un tiroir pour y mettre des
papiers et aperçoit un portrait miniature.

JEANNE, le portrait à la main.

Que fait dans ce tiroir le portrait de mon père?

MARCEL, relève la tête, sans comprendre.

De votre père !

JEANNE, qui s'est levée, regarde Marcel.

Eh oui! mais quel air de mystère?

MARCEL, s'est approché de Jeanne et lui a pris le portrait des mains.

Ce portrait est celui de ton père?

JEANNE.

Mais oui.

MARCEL, d'un ton triste.

Voyons, Jeanne, je suis encor faible aujourd'hui,
Pardonne-moi.

JEANNE, impatiente.

Marcel, réponds à ma demande?

MARCEL, très lentement.

Je ne connais qu'un nom de toi : Jeanne.

JEANNE, vivement.

Deslande.

MARCEL, plein de rage.

Deslande! Dieu, le sol en frémit sous mes pas.
Rage! Et ce ciel maudit qui ne s'écroule pas.

JEANNE, inquiète.

Explique-toi?

MARCEL, plein de compassion.

C'est vrai, tu ne peux pas comprendre,
Jeanne, c'est à la mort que tu viens de me rendre,
Je ne pourrai jamais devenir ton époux.

JEANNE, avec désespoir.

Ah! je souffre, Marcel, de grâce expliquez-vous?

MARCEL, triste.

Hélas! par une faute horrible de mon père,
Et par nos lois aussi, je suis...

JEANNE, vivement.

Quoi?

MARCEL, tremblant.

Votre frère!

JEANNE, consternée.

Ah! quel est ce malheur qui vient fondre sur moi.
   Elle se tait un moment, puis s'approche de Marcel, et se réfugie
dans ses bras.

Oh! non, non, mon Marcel, je veux rester à toi,

Devenir ton épouse, et ton tout, et ta chose.
Je veux...

Suffoquée, elle se laisse tomber dans les bras de Marcel.

MARCEL, la soutenant.

Pourquoi, Seigneur, brises-tu cette rose ?
Le vent glacé du soir n'est pas encor passé.

JEANNE, très faiblement.

Il ne faut pas parler, vois-tu, de ton passé.
Et l'on ne saura rien.

MARCEL, tristement.

Mais, pauvre enfant, je porte
Le même nom que toi ; quand ma mère fut morte,
Pour le monde je pris son nom, mais pour la loi
Je dois porter, et j'ai le même nom que toi.

JEANNE, suppliante.

Mon Marcel, il ne faut pas que ma mère sache
La faute de mon père, et cette horrible tache
Qu'il a faite à son nom.

MARCEL.

Mais vous me condamnez,
L'amour qui vient d'éclore, enfant, vous le fanez.

JEANNE.

Marcel, que voulez-vous faire ?

MARCEL, très pressant.

Ma seule amie,
Vous tenez dans vos mains mon bonheur et ma vie.
Bravons tous deux ces lois faites par les humains,
Et cherchons le bonheur à travers les chemins.

JEANNE.

Notre père a mal fait et vous feriez de même ?

MARCEL, plein de fièvre.

Non, j'oublie... et je sais, Jeanne, que je vous aime,
Que vous m'aimez enfin, car vous me l'avez dit,
Et que je vous désire, et que je suis maudit.

JEANNE, égarée, s'éloignant de Marcel.

Pouvais-je deviner cette faute imprévue,
Qui vient frapper mon cœur, le terrasse et le tue.

MARCEL.

Jeanne, répondez-moi, Jeanne...

JEANNE, lentement.

Jamais, jamais!

MARCEL, triste.

Alors, tout entre nous est fini désormais?

JEANNE, d'une voix sourde.

Tout!

Marcel chancelant se soutient à une chaise.

MARCEL, la main sur son cœur.

Comme mon cœur bat!

JEANNE, ouvrant la porte.

Je pars.

MARCEL, souffre, sa figure se contracte.

Instant suprême!

Ses yeux se troublent, il tombe lourdement sur une chaise.

* Adieu, l'homme ne vit qu'aussi longtemps qu'il aime,
Mon cœur se rompt!

Il meurt.

JEANNE, effrayée, court vers Marcel.

Marcel!

Le docteur entre et va vivement vers Marcel dont il prend une
main.

* Voir la Variante, page 16.

SCÈNE IV

JEANNE, MARCEL, LE DOCTEUR.

JEANNE, folle, à ses genoux.

Marcel, oh! parle encor!

LE DOCTEUR, lentement, après avoir mis la main sur le cœur
de Marcel.

Il ne vous entend plus, Jeanne.

JEANNE, pousse un cri déchirant et tombe à terre.

Ciel!

LE DOCTEUR, laissant retomber la main de Marcel.

Il est mort!

Le rideau baisse lentement.

FIN

VARIANTE.

MARCEL.

Adieu, l'homme ne vit qu'aussi longtemps qu'il aime,
Mon cœur se rompt... Adieu.

Il meurt.

JEANNE, folle, à ses genoux.

Marcel! Oh! parle encor,
Marcel, mon bien-aimé...

Elle porte les mains sur tout le corps de Marcel.

Marcel!

Pousse un cri déchirant et tombe à terre.

Ciel!

Il est mort!

Le rideau baisse lentement.

IMPRIMERIE GÉNÉRALE DE CHATILLON-SUR-SEINE, A. PICHAT.

www.ingramcontent.com/pod-product-compliance
Lightning Source LLC
LaVergne TN
LVHW011445170726
843501LV00009B/3312